Have a great day!

I0439371

Have a great day!

Have a great day!

Have a great day!

Have a great day!

Have a great day!

Have a great day!

Have a great day!

Have a great day!

Have a great day!

Have a great day!

Have a great day!

Have a great day!

Have a great day!

Have a great day!

Have a great day!

Have a great day!

Have a great day!

Have a great day!

Have a great day!

Have a great day!

Have a great day!

Have a great day!

Have a great day!

Have a great day!

Have a great day!

Have a great day!

Have a great day!

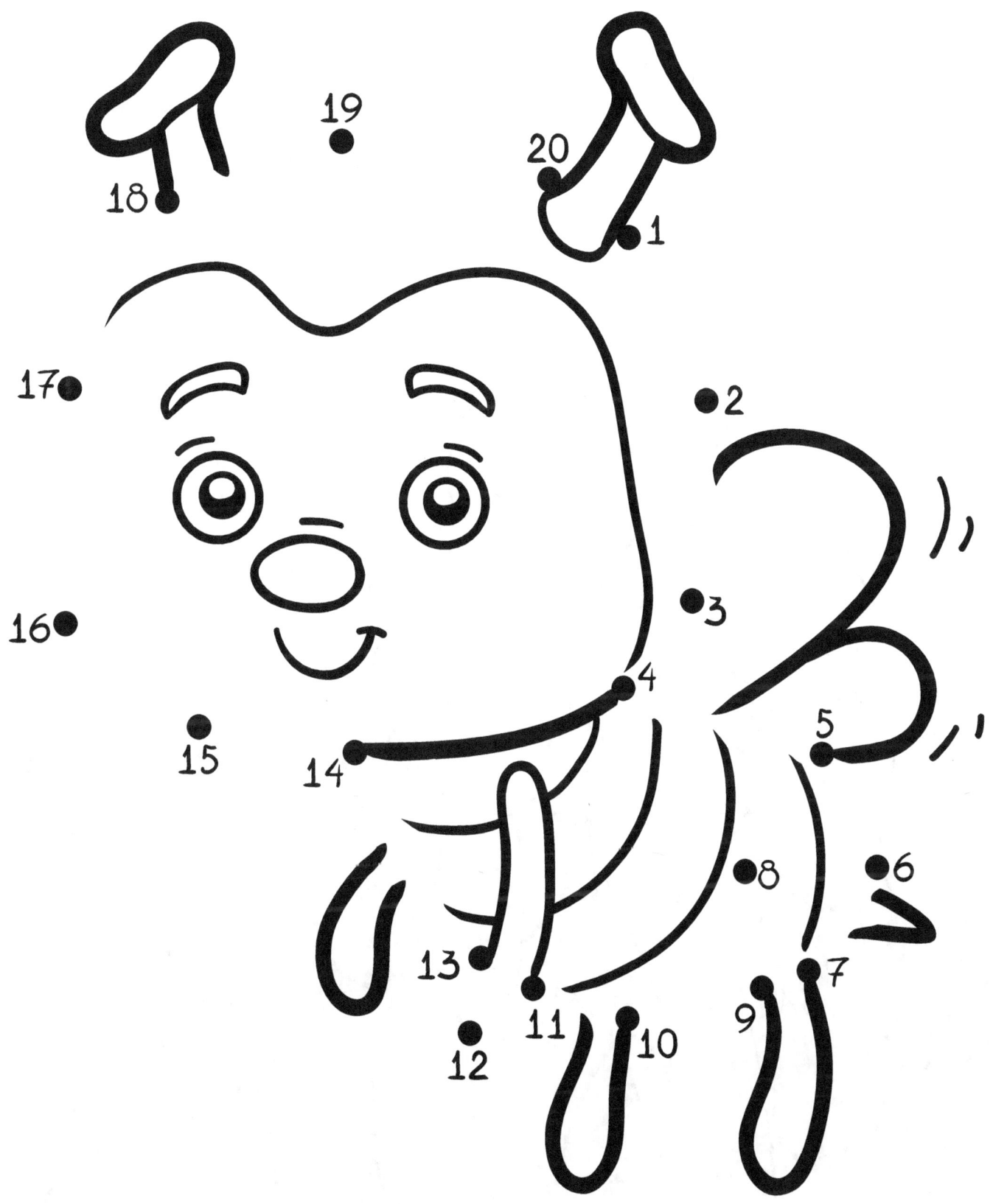